CHEMINS DE FER

DU NORD-EST

MÉMOIRE A L'APPUI

PARIS

IMPRIMERIE ET LITHOGRAPHIE MAULDE ET RENOU

RUE DE RIVOLI, 114.

1855

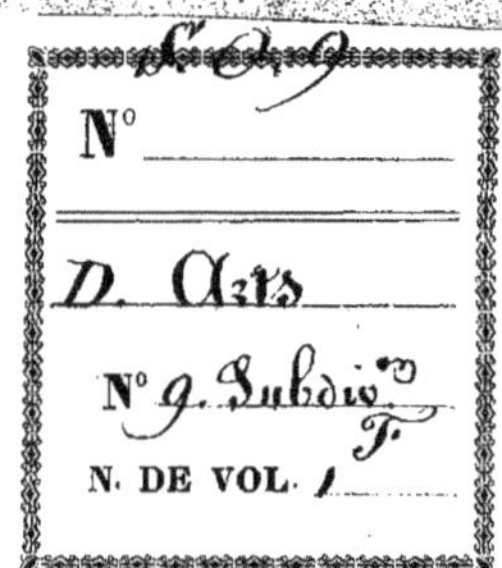

Chemins de fer
DU
NORD-EST

BUREAUX :
Rue Caumartin, n° 22.

Paris, le 30 mars 1855.

MONSIEUR,

J'ai l'honneur de vous adresser un exemplaire du Mémoire à l'appui de l'Avant-Projet des Chemins de fer du Nord-Est et une Carte présentant l'ensemble des lignes dont la Compagnie poursuit la concession.

J'ai l'honneur d'être,

Monsieur,

Votre très humble Serviteur,

Le Secrétaire-général de la Compagnie,

Coquet

CHEMINS DE FER

DU NORD-EST

MÉMOIRE

A L'APPUI DE L'AVANT-PROJET

DES

CHEMINS DE FER DU NORD-EST

1° De Valenciennes à Mézières avec embranchements de Rocquigny sur Trélon et de Rimogne sur la frontière Belge par Rocroy.

2° De Sedan à Metz par Mouzon, Stenay, Brouenne, Montmédy, Velosnes, Étain

3° De Stenay à Lérouville par Dun, Consenvoye, Verdun, Saint-Mihiel.

4° De Reims à Metz par Pont-Faverger, Somme-Py, Vienne-le-Château, Aubréville, Dombasle, Verdun, Étain, Conflans.

BUT ET UTILITÉ DES CHEMINS DE FER PROJETÉS

L'utilité publique de cette entreprise ne saurait être contestée ; il suffit de jeter les yeux sur la carte pour se convaincre de son importance commerciale et des avantages qu'elle doit présenter au point de vue de la défense du territoire.

Les lignes projetées relient entre eux les arsenaux et les places fortes qui couvrent nos frontières de la Manche à Strasbourg, et elles forment une partie importante de ce grand chemin de ceinture qui permettra de porter avec rapidité sur tous les points de l'empire les troupes et le matériel nécessaires.

On ne peut considérer ici que sous le point de vue commercial et industriel les lignes de fer projetées.

Elles réunissent les belles, riches et industrieuses vallée de l'Escaut, de la Sambre, de la Meuse, et celles non moins importantes de la Marne et de l'Aisne.

Elles remplissent une lacune fâcheuse entre Valenciennes et Metz, entre la Champagne et la Lorraine ; elles créent de nouvelles voies du Nord au Sud, elles établissent une communication directe et rapide entre les départements du Nord et ceux de l'Est, elles ouvrent de nouveaux débouchés à leur production et à leur consommation des marchés qu'ils n'ont pu aborder jusqu'ici ; elles attirent et maintiennent sur le territoire français, au préjudice des ports voisins, le transit des voyageurs et des marchandises à destination des provinces rhénanes et de l'Allemagne.

L'industrie dans les contrées que les railways traversent, a déjà pris des proportions remarquables.

Les carrières de marbre, d'ardoises, de pierres y sont nombreuses ; les exploitations de forêts et de bois, considérables. Les filatures de laine et de coton en pleine prospérité. Les usines de toute nature, les établissements métallurgiques y occupent un nombre considérable d'ouvriers.

Les chemins projetés traversent les parties les plus riches et les plus commerçantes des départements du Nord, de l'Aisne, des Ardennes, de la Meuse, de la Moselle et de la Marne.

Le Nord donnera au railway ses poteries, ses verreries, ses sucres, ses toiles, ses cotons, ses laines, ses graines oléagineuses, ses huiles, ses spiritueux, ses machines, ses houilles, ses marbres, les produits de ses forges et hauts fourneaux, ses fontes, ses tôles, ses gros fers, ses minerais.

L'Aisne : ses chevaux, ses moutons, ses tissus de coton et de fil, le produit de ses forêts, ses verreries, ses poteries, ses fers, ses instruments de labourage, sa vannerie, ses sucres, ses acides, ses cendres pyriteuses et alumineuses.

Les Ardennes : ses chevaux et ses moutons, ses laines en suint et fabriquées, ses draps de Sédan, ses cachemires, sa clouterie, sa grosse et fine quincaillerie, sa chaudronnerie, sa ferronnerie, ses armes de guerre, sa brosserie, ses marbres, ses ardoises, ses céruses, ses pipes, ses crayons, ses corroieries, ses tanneries, les nombreux produits de ses usines à cuivre, à fer, à zinc.

La Meuse : ses fers, ses clous, ses toiles, ses vins, ses verreries, tanneries, chamoiseries, ses bois de merrain et de construction.

La Moselle : ses bestiaux, ses porcs, ses aciers, sa chapellerie, sa passementerie, les produits de ses manufactures de papier, sa vannerie, ses tanneries, ses verreries et faïenceries, ses toiles, ses vins, ses socs de charrues, ses essieux, la fabrication de ses magnifiques forges et usines d'Hayange et de Moyeuvre, ses sels, ses blés, ses cuirs, sa houille, ses minerais.

La Marne : ses moutons, ses laines en suint et fabriquées, les produits de ses nombreuses tanneries, teintureries, papeteries, verreries, faïenceries, poteries, corderies, ses huiles, ses savons noirs, ses blancs de céruse, sa tonnellerie et ses cuirs, ses sables pour les glaces et les cristaux, ses bois et ses charbons.

Les lignes projetées apporteront dans la circulation des voyageurs et des marchandises, entre le

Nord et l'Est, une amélioration profonde. L'embranchement de Rocroi deviendra naturellement le passage presque exclusif du transit entre l'Angleterre, la Belgique et l'Allemagne.

Un des résultats les plus heureux et les plus immédiats de leur établissement, ce sera l'apport facile, régulier, économique du combustible au sein de ces départements si riches en matières minérales, et par suite la possibilité pour les forges françaises d'atteindre le bon marché des produits anglais, tout en conservant sur ceux-ci une certaine supériorité due à l'emploi des minerais généralement meilleurs.

Les houilles et les cokes d'Anzin, de Mons et de Charleroy viendront alimenter les usines jusqu'au delà de Sedan ; celles situées entre Reims et Verdun pourront recevoir selon leurs désirs ou leurs besoins les houilles et cokes du Nord, ou ceux du gîte de Saarbruck auquel semblent réservés tous les pays de la Haute-Meuse au-delà de Verdun, et les établissements situés entre la Meuse et la Moselle.

Une partie des usines du département des Ardennes reçoit actuellement ses houilles de la Belgique par la Meuse, mais la remonte à charge, la descente à vide, la longueur du parcours qui résulte de la sinuosité du cours d'eau, les irrégularités inhérentes aux voies navigables absorbent les avantages d'économie de ce mode de transport, et depuis longtemps on a songé à le remplacer, et à y substituer entre Mézières et Givet un chemin de fer latéral à la Meuse.

Mais les difficultés considérables que présente la construction de ce chemin doivent nécessairement en faire abandonner le projet, et l'embranchement projeté sur Rocroi donnera satisfaction aux intérêts du département des Ardennes, en exonérant l'État d'une dépense considérable, puisqu'en supposant possible l'établissement du chemin de fer de Mézières à Givet, l'État doit en faire la dépense dans le système de la loi du 11 juin 1842, tandis que l'embranchement de Rocroi ne lui coûterait aucun sacrifice, aucun engagement.

Les chemins de fer d'entre Sambre et Meuse sont déjà prolongés jusqu'à Couvin, à 11 kilom. de la frontière française, et la loi qui les a concédés donne à la Compagnie qui les exploite, le droit de venir toucher notre frontière dans le cas où un chemin de fer français arriverait dans cette direction.

La grave question des houilles et des fers ne doit pas faire perdre de vue celle plus importante des céréales.

Étain et Metz sont placées au centre de riches et fertiles plaines, dont la fécondité égale celle de la Beauce et de la Brie.

La plaine de la Voëvre, par exemple, fournit presque exclusivement la Champagne de blés et d'avoines. Elle les envoie jusqu'à Paris.

La ligne de Reims à Metz facilitera ces relations, et si, comme tout le fait espérer, la ligne projetée de Paris à Soissons et à Reims s'exécute, Metz ne sera plus qu'à 333 kilom. de Paris. Metz deviendra le point sur lequel se réuniront les voyageurs et les marchandises, qui du Nord et de la Belgique se dirigeront vers l'Allemagne et les provinces du Rhin.

Il est superflu de dire que l'abaissement des prix de transport des matières premières, joint à la facilité d'expédier à bas prix dans toutes les directions les produits fabriqués, augmentera dans une proportion considérable la circulation des marchandises sur les voies de fer projetées et conséquemment le nombre des voyageurs, et cependant, dans l'évaluation des produits probables des lignes projetées, on n'a pas tenu compte de cette augmentation certaine.

Les renseignements recueillis auprès des maires des communes que les chemins de fer du Nord-Est traversent, quoique renfermant de précieux renseignements de statistique, présentent des lacunes regrettables ; il était difficile, par suite, de les utiliser pour l'appréciation satisfaisante des produits des chemins projetés.

Ces produits, ce sont les résultats obtenus par l'administration publique elle-même qui vont les déterminer.

Par les ordres du ministre des travaux publics, MM. les ingénieurs des ponts-et-chaussées firent constater régulièrement, du 1er mai 1844 au 1er juillet 1845, la circulation moyenne et quotidienne des hommes, des marchandises et des animaux sur les routes confiées à leurs soins, et les calculs qui vont être faits ne sont que le résumé de la constatation faite pendant la période sus-mentionnée.

C'est dans ces documents seuls, au surplus, qu'il était rationnel de rechercher quel pourrait être sur les lignes de fer projetées le mouvement des voyageurs et des marchandises abandonné à son cours naturel.

Avant de faire connaître le résultat de ces recherches, il est nécessaire d'indiquer les dispositions du tracé.

DISPOSITIONS GÉNÉRALES

DU TRACÉ

Les chemins seront établis sur deux voies ; cependant, dans quelques parties du parcours, où le trafic n'est pas encore suffisamment développé, on pourra provisoirement ne poser qu'une seule voie.

Le poids des rails sera de 37 kilogrammes par mètre courant.

Le maximum des rampes et des pentes ne dépasse pas 10 millièmes.

Toutefois, pour arriver au plateau de Rocroi, il a été indispensable de gravir avec une pente de 0,022 sur 5,000 mètres, et pour en descendre vers Couvin, il a fallu adopter, sur 4,300 mètres, une pente de 0,0165.

Dans la section de Verdun à Metz, la déclivité du sol entre Sainte-Marie-aux-Chénes et Sey a nécessité sur 11,250 mètres une pente de 0,012.

Le minimum du rayon des courbes ne descend pas au-dessous de 500 mètres, excepté toutefois dans quelques circonstances rares et exceptionnelles au départ des stations ou à leur arrivée.

Le nombre des souterrains est de six, présentant une longueur totale de 5,300 mètres.

La longueur totale des voies projetées est de 571 kilomètres 250 mètres.

TRAFIC

Relevé officiel de la circulation moyenne et quotidienne à 1 kilomètre pendant l'année 1844-1845, des voyageurs, des marchandises et des bestiaux sur les routes impériales et départementales situées sur le parcours des chemins de fer projetés.

PREMIÈRE PARTIE

DE VALENÇIENNES A MÉZIÈRES

Longueur	147,300 mètres.
Embranchement de Trélon . .	10,500
sur Rocroy. .	20,600
	178,400 mètres.

§ 1er.

DE VALENCIENNES A MÉZIÈRES.

Les communications entre ces deux villes se font par les routes impériales 45, 49, 2 et 51, et par la route départementale n° 5 pour la partie comprise entre Maubeuge, Sars-Poteries et Solre-le-Château.

La circulation moyenne et quotidienne a été relevée entre Valenciennes et Englefontaine, entre Bavay et Ferrière-la-Grande, entre la Capelle et Maubeuge, entre le Nouvion et Maubert-Fontaine, et entre Rimogne et Mézières.

Elle a donné les résultats suivants :

Voyageurs.

340 colliers attelés aux voitures publiques, à raison de quatre voyageurs par collier, ont produit, chaque jour, pour l'année entière 1,820,665 voyageurs à 1 kilomètre.

512 colliers attelés chaque jour aux voitures particulières ont produit 2,175,860 voyageurs kilométriques.

Il a été constaté que 3,734 cavaliers, 144,217 piétons avaient parcouru chaque jour un kilomètre de ces routes, soit pour l'année entière 1,845,220 cavaliers, 73,702,035 piétons.

Marchandises.

On a constaté la circulation de :

3,914 colliers de roulage régulier, soit 19,687,735 tonnes à 1 kilomètre.
3,928 colliers de roulage local, soit de 17,526,715 tonnes kilométriques.

Bestiaux.

2904 bêtes de somme,
2051 têtes de gros bétail,
6052 têtes de menu bétail,
Ont parcouru 1 kilomètre des routes susmentionnées, ce qui produit en unités kilométriques pour l'année ·

1,481,455 bêtes de somme,
950,855 têtes de gros bétail,
2,493,865 têtes de menu bétail.

---

§ 2.

EMBRANCHEMENT SUR TRÉLON.

Voyageurs.

Circulation sur la route départementale n° 6 (nord).

12 colliers attelés aux voitures publiques,
103 id.   attelés aux voitures particulières donnent, comme unité kilométrique pour l'année,
50,835 voyageurs de diligences,
120,450   id.   de voitures particulières.
20,020 piétons par jour et par kilomètre donnent, pour l'année, 7,307,300 piétons.
65 cavaliers par jour donnent, pour l'année, 120,450.

Marchandises.

47 colliers de roulage régulier,
226 colliers de roulage local donnent, en unités kilométriques, un tonnage de 183,960 T d'une part, et de 973,455 T d'autre part.

Bestiaux.

On a constaté la circulation moyenne, quotidienne :
De 386 bêtes de somme,
132 têtes de gros bétail,
242 têtes de menu bétail,

Soit pour l'année et à 1 kilomètre, de 177,390 bêtes de somme.
48,180 têtes de gros bétail.
88,330 têtes de menu bétail.

---

§ 3.

EMBRANCHEMENT SUR LA FRONTIÈRE BELGE PAR ROCROY.

Les relations entre Le Châtelet, Rimogne et la frontière belge par Rocroy, se font principalement par la route impériale n° 51 et par la route départementale n° 3 (Ardennes). La circulation n'a été constatée que sur ces deux voies de communication.

En voici les résultats :

Voyageurs.

50 colliers attelés aux voitures publiques, 45 aux voitures particulières donnent, pour l'année entière, 281,415 voyageurs de diligence, et 228,855 voyageurs de voitures particulières.

28 cavaliers, 203 piétons par jour donnent, pour l'année en unités kilométriques, 351,860 cavaliers, 3,194,115 piétons.

Marchandises.

421 colliers de roulage régulier produisent, pour l'année, 1,684,840 tonnes.
244 colliers de roulage local produisent, pour l'année, 713,940 tonnes kilométriques.

Bestiaux.

14 bêtes de somme,
22 têtes de gros bétail,
15 têtes de menu bétail, par jour,
Donnent, pour l'année en unités kilométriques, 244,185 bêtes de somme.
154,030 têtes de gros bétail.
194,645 têtes de menu bétail.

RÉCAPITULATION.

Voyageurs.

Voyageurs en diligences	2,152,915
— en voitures particulières	2,525,165
— à cheval	2,317,530
— à pied	73,702,035
	80,697,645

Marchandises.

Roulage lointain	21,556,535
Roulage local	19,214,110
	40,770,645 tonnes.

Bestiaux.

Bêtes de somme	1,903,050 têtes.
Gros bétail	1,153,095
Menu bétail	2,776,840

DEUXIÈME PARTIE

DE STENAY A ÉTAIN

Longueur . . . . 109,900 mètres.

« La portion de ligne comprise entre Sedan et Stenay fait partie de la ligne
de Sedan à Lérouville. »

La circulation entre les deux villes s'opère par les routes impériales n° 47 de Stenay à Longuyon, par celle n° 18, de Spincourt à Etain; par les routes impériales n°ˢ 5 et 12 (Meuse), de Boinville à Montmédy, et par les routes départementales n°ˢ 5 et 11 (Moselle), de Sainte-Marie-aux-Chênes à Pierrepont, de Clouange à Fléville.

Voyageurs.

Le nombre des colliers attelés à des voitures publiques a été, par jour et par kilomètre, de 657, soit pour l'année entière, de 1,236,260 voyageurs à 1 kilomètre.

Le nombre de colliers attelés à des voitures particulières a été par jour de 622, produisant pour l'année entière 1,466,280 voyageurs.

102 cavaliers ont parcouru 1 kilomètre de ces diverses routes, soit, pour l'année, 1,257,290.

1184 piétons par jour donnent, en total, 20,775,990.

Marchandises.

7642 colliers de roulage lointain produisent, pour l'année entière, 5,728,675 tonnes kilométriques.

4204 colliers par jour de roulage local donnent pour l'année un total de 10,157,090 tonnes à 1 kilomètre.

Bestiaux.

22 bêtes de somme,
161 bêtes de gros bétail,
124 bêtes de menu bétail,
Donnent en unités kilométriques, pour l'année, 708,830 bêtes de somme.
1,911,565 têtes de gros bétail.
1,348,395 têtes de menu bétail.

RÉCAPITULATION.

Voyageurs.

Voyageurs en diligences.	1,236,960
— en voitures particulières. . . .	1,466,280
— cheval.	1,257,290
— à pied.	20,775,990
	21,735,820

Marchandises.

Roulage lointain.   5,728,675
Roulage local.   10,157,090

15,875,765 tonnes.

Bestiaux.

Bêtes de somme. . . . .   708,830 têtes.
Têtes de gros bétail . . . .   1,911,565 têtes.
Têtes de menu bétail. . . . .   1,348,395 têtes.

TROISIÈME PARTIE

DE SEDAN A LÉROUVILLE

Longueur. . . . . , . .   104,000 mètres.

Les communications entre Sedan et Lérouville se font presque exclusivement par la route impériale n° 64 ; elles empruntent aussi, mais dans un faible parcours, la route impériale n° 47 et les routes départementales n°ˢ 1 et 9 (Meuse).

Voyageurs.

212 colliers de voyageurs quotidiens de diligence donnent, pour l'année, 657,470 voyageurs à kilomètre.

178 colliers de voyageurs en voitures particulières donnent, pour l'année, 478,150 voyageurs kilométriques.

32 cavaliers et 1,115 piétons donnent, en unités kilométriques, 657,000 voyageurs à cheval et 3,751,117 voyageurs à pied.

Marchandises.

1015 colliers de marchandises de roulage régulier par jour produisent, pour l'année entière, 2,382,726 T kilométriques.

1550 colliers de marchandises de roulage local font, pour l'année, un nombre total de 3,668,585 T.

Bestiaux.

9 bêtes de somme,
50 bêtes de gros bétail,
48 têtes de menu bétail,
Donnent, en unités kilométriques eu égard à leur parcours sur chacune des routes susmentionnées :

171,185 bêtes de somme,
794,970 bêtes de gros bétail,
370,840 têtes de menu bétail.

RÉCAPITULATION.

Voyageurs.

Voyageurs en diligences.	657,470
— en voitures particulières	478,150
— à cheval.	637,000
— à pied	6,751,177
	8,543,797

Marchandises.

Roulage lointain.	2,382,720 tonnes.
Roulage local.	3,668,585
	6,051,305 tonnes.

Bestiaux.

Bêtes de somme	171,185 têtes.
Gros bétail	794,970 têtes.
Menu bétail	370,840 têtes.

QUATRIÈME PARTIE

DE REIMS A METZ

Longueur. . . . . 178,750 mètres.

De Reims à Verdun	175,000
De Verdun à Étain	63,750

Les relations commerciales entre Reims, Verdun et Metz s'opèrent d'Auve à Metz par la route impériale, n° 3, de Varennes à Verdun par la route impériale n° 46, de Verdun à Etain par celle n° 18, dans le département de la Marne par la route départementale n° 16, entre St-Hilaire-le-Grand et Somme-Py, dans le département de la Meuse par la route départementale n° 4, entre Doncourt, Conflans et Olley.

Voyageurs.

796 colliers attelés à des voitures publiques parcourant chaque jour 1 kilomètre ont donné, à raison de 4 voyageurs par collier, 2,516,040 voyageurs à 1 kilomètre.

379 colliers attelés à des voitures particulières et parcourant, chaque jour en moyenne 1 kilomètre, ont produit, pour l'année, 1,280,055 voyageurs à 1 kilomètre.

74 cavaliers par jour et 821 piétons produisent pour l'année entière, 1,205,205 voyageurs à cheval, et 19,421,650 voyageurs à pied.

Marchandises.

2,921 colliers de roulage régulier font, pour l'année, 8,736,470 T kilométriques.

10,483,910 tonnes à 1 kilomètre sont produites par 3,289 colliers de roulage local et quotidien.

Bestiaux.

88 bétes de somme,
105 bétes de gros bétail,
124 têtes de menu bétail donnent, pour l'année entière, une circulation à 1 kilom. de :

431,055 bétes de somme,
1,646,150 têtes de gros bétail,
2,757,575 têtes de menu bétail.

RÉCAPITULATION.

Voyageurs.

Voyageurs en diligences.	2,516,040
— en voitures particulières. . . .	1,280,055
— à cheval.	1,203,205
— à pied.	19,421,650
	24,420,950

Marchandises.

Roulage lointain.	8,736,470 tonnes.
Roulage local.	10,483,910
	19,220,380 tonnes.

Bestiaux.

Bétes de somme.	431,055 têtes.
Têtes de gros bétail.	1,646,156
Têtes de menu bétail.	2,757,575

RÉCAPITULATION GÉNÉRALE.

	VOYAGEURS à 1 kilomètre.	ROULAGE LOINTAIN. Tonnes à 1 kilomètre.	ROULAGE LOCAL.	BÊTES de SOMME	GROS BETAIL PAR TÊTE.	MENU BETAIL.
De Valenciennes à Mézières. .	80,697,645	21,556,535	19,214,110	1,903,050	1,153,095	2,776,840
De Stenay à Étain.	24,735,820	5,728,675	10,157,090	708,830	1,911,565	1,348,395
De Sedan à Lérouville.	8,543,797	2,382,720	3,668,585	171,185	794,970	370,840
De Reims à Metz.	24,420,950	8,736,470	10,483,910	431,055	1,646,156	2,757,575
	138,398,212	38,404,400	43,523,605	3,214,120	5,505,786	7,253,650

TARIF.

Les chemins de fer du Nord-Est se trouvant dans les mêmes conditions générales de transport que les chemins du Nord et de l'Est, le tarif de ces chemins paraît devoir être adopté, comme maximum de taxes à percevoir sur les lignes projetées.

TARIF.		PRIX	
		DE PÉAGE.	DE TRANSPORT.	TOTAL.
Par tête et par kilomètre.		fr. c.	fr. c.	fr. c.
Voyageurs, non compris l'impôt du dixième sur le prix des places.	Voitures couvertes, garnies et fermées à glaces (1re classe)..	0,07	0,03	0,10
	Voitures couvertes, fermées à glaces et à banquettes rembourrées (2e classe)...................	0,05	0,025	0,075
	Voitures couvertes, et fermées avec rideaux (3e classe).....	0,03	0,025	0,055
Bestiaux...............	Bœufs, vaches, taureaux, chevaux, mulets, bêtes de trait...	0,07	0,03	0,10
	Veaux et porcs...................	0,025	0,015	0,04
	Moutons, brebis, agneaux, chèvres....................	0,01	0,01	0,02
Par tonne et par kilomètre.				
Poissons...............	Huîtres et poissons frais, à la vitesse des voyageurs........	0,30	0,20	0,50
Marchandises...........	1re classe. — Fontes moulées, fer et plomb ouvrés, cuivre et autres métaux ou non ; vinaigre, vins, boissons, spiritueux, huiles : cotons et autres lainages ; bois de menuiserie, de teinture et autres bois exotiques ; sucre, cafés, drogues, épiceries, denrées coloniales et objets manufacturés.....	0,10	0,08	0,18
	2e classe. — Blés, grains, farine, sels, chaux et plâtre, minerais, coke, charbons de bois, bois à brûler (dit *de corde*), perches, chevrons, planches, madriers, bois de charpente, marbre en bloc, pierre de taille, bitume, fonte brute, fer en barre ou en feuilles, plomb en saumons....	0,09	0,07	0,16
	3e classe. — Pierre à chaux et à plâtre, moellons, meulières, cailloux, sable, argile, tuiles, briques, ardoises, pavés, et matériaux de toute espèce pour la construction et la réparation des routes...................	0,08	0,06	0,14
	Houille, marne, fumier, engrais et cendres..............	0,06	0,04	0,10
Objets divers............	Wagon et chariot destinés au transport sur le chemin de fer, y passant à vide.................	0,06	0,06	0,12
	Toute autre voiture destinée au transport sur le chemin de fer, y passant à vide, et machine locomotive ne traînant pas de convoi....................	0,15	0,10	0,25
	Les machines locomotives seront considérées et taxées comme ne remorquant pas de convoi, lorsque le convoi remorqué, soit en voyageurs, soit en marchandises, ne comportera pas un péage au moins égal à celui qui serait perçu sur une machine locomotive avec son allége, marchant sans rien traîner.			
Par pièce et par kilomètre.				
Voitures à deux ou quatre roues, à un fond et à une seule banquette dans l'intérieur.....		0,15	0,10	0,25
Voitures à quatre roues et à deux fonds, et à deux banquettes dans l'intérieur..........		0,18	0,14	0,32

(Le tarif sera double si le transport a lieu à la vitesse des voyageurs. Dans ce cas, deux personnes pourront, sans supplément de tarif, voyager dans les voitures à une banquette, et trois dans les voitures à deux banquettes. Les voyageurs excédant ce nombre paieront le prix des places de deuxième classe.)

PRODUITS PROBABLES

DES

CHEMINS DE FER DU NORD-EST

Voyageurs.

Dans les 138,398,212 voyageurs à 1 kilomètre, 120,650,852 représentent les voyageurs à pied; on a supposé que moitié seulement, soit 60,325,425 prendraient la voie de fer, et que le chiffre des voyageurs de toutes catégories serait doublé et donnerait 156,145,570 voyageurs à 1 kilomètre.

Qu'un dixième de ces voyageurs, soit 15,614,557 prendraient les premières classes et paieraient à raison de 0,10 une somme de . . . . 1,561,455 fr. 70 c.

Que 28 0/0, soit 43,720,759, prendraient les voitures de 2ᵉ classe et donneraient à raison de 0 fr. 75 un produit de 3,279,056 72

Que 62 0/0, soit 96,810,253, prendraient les voitures de 3ᵉ classe et produiraient, à raison de 0,055 par kilomètre, une recette de. 5,324,563 86

Total de la recette des voyageurs. . . .   10,165,076 fr. 48 c.

Marchandises.

Que les produits de la grande vitesse et des accessoires de la grande vitesse produiraient le quart de la recette des voyageurs, soit. . .   2,541,269 12

Que les 38,404,400 tonnes de roulage lointain produiraient, à raison de 0,08 par tonne et par kilomètre, une recette annuelle de. 3,052,352

Que les 43,523,695 tonnes de roulage local donneraient, à raison de 0,06, un revenu. 2,611,421 70

Bestiaux.

On a admis que sur les 3,214,120 bêtes de somme, moitié, soit 1,607,060, prendrait la voie de fer, et à raison de 0,10, par tête et par kilomètre, donnerait une recette de. . . .   160,706

Que des 5,505,786 T de gros bétail, moitié ou 2,752,891 seraient transportés par le railway, et lui donnerait, à raison de 0,10 par tête, un revenu de 275,289 30

Enfin, que 3,526,826 têtes de menu bétail produiraient, à raison de 0,03, une recette de. 105,804 75

Total de la recette des marchandises et des bestiaux. . 8,746,842 f. 87   8,746,842 87

18,911,919 fr. 35 c.

Soit, par kilomètre. . . 33,120 fr. 69 c.

TABLEAU

PRÉSENTANT LE RÉSUMÉ DU TRAFIC GÉNÉRAL DES LIGNES PROJETÉES ET DE LEURS PRODUITS.

VOYAGEURS.

CATÉGORIES DE VOYAGEURS.	RÉSUMÉ des relevés officiels de la circulation sur les routes impériales et départementales 1844-1845. VOYAGEURS à 1 kilomètre.	VOYAGEURS pour le Chemin de fer.	BASE des CALCULS le double de la colonne ci-contre.
Voyageurs des voitures publiques	6,562,685	6,562,685	13,125,370
— — particulières	5,749,650	5,749,650	11,499,300
— à cheval	5,435,025	5,435,025	10,870,050
— à pied	120,650,852	60,325,425	120,650,852
	138,398,212 V	78,072,785 V	156,145,572 V

	RÉPARTITION PAR CLASSES.				PRODUITS	
	PREMIÈRE.	SECONDE.	TROISIÈME.	TARIF.	TOTAUX.	PAR KILOMÈTRE
10	15,614,557	. . . . .	. . . . .	0,10	1,561,455 f. 70	
28	. . . . .	43,720,750	. . . . .	0,075	3,279,056 92	
62	. . . . .	. . . . .	96,810,253	0,055	5,324,563 86	
					10,165,076 f. 48	17,802 2?

MARCHANDISES.

CLASSES DE MARCHANDISES.	RÉSUMÉ des relevés officiels de la circulation sur les routes impériales et départementales 1844-45. TONNES à 1 kilomètre.	TÊTES D'ANIMAUX à 1 kilomètre.	TONNAGE pour le Chemin de fer.
Grande vitesse et accessoires	. . . . .	. . . . .	. . . . .
Roulage régulier	38,404,400		38,404,400
Roulage local	43,523,695		43,523,695
Bêtes de somme	. . . . .	3,214,120	
Gros bétail	. . . . .	5,505,786	
Menu bétail	. . . . .	7,053,650	
	81,928,095 T	15,773,556	81,928,095 T

TÊTES D'ANIMAUX pour le Chemin de fer.	TARIF.	PRODUIT.	TOTAUX.	PAR KILOMÈTRE
. . . . .	. . . . .	2,541,269 f. 12		
	0 08	3,062,352 »		
	0 06	2,611,421 70		
1,607,060	0 10	160,706 »		
2,752,893	0 10	275,289 30		
3,526,825	0 03	105,804 75		
7,886,978 Têtes		8,746,842 f. 87	8,746,842 87	13,318 40
			18,911,919 f. 35	33,120 f. 6?

RÉSULTAT FINANCIER DE L'ENTREPRISE.

Les dépenses de construction des chemins sur deux voies et de leur complet établissement s'élèvent, tout compris, même le service des intérêts de capital pendant la construction, à 306,479 fr. 85 c. par kilomètre, soit pour 571 kilomètres, 175,000,000 fr.

La somme des produits probables dès la mise en exploitation des railways est de 18,911,919 fr. 35 c.

Il faut déduire de cette somme :

1° Les frais d'exploitation, d'administration et d'entretien, à raison de 40 0/0 de la recette brute, soit. . . . . 7,564,767 fr. 74 c.

2° Les intérêts à 5 0/0 du capital de 175,000,000, ci. . . . . 8,750,000 fr. » » c.

3° Le prélèvement pour l'amortissement, également à 5 0/0 . . . . . 74,072 51

8,824,079 fr. 51 c.   8,824,079   51

16,388,847 fr. 25 c.   16,388,847   25

Le produit net est. . . . . . . 2,523,072 fr. 10 c.

Paris, le 26 Mars 1855.

4749   Imp. Maulde et Renou.

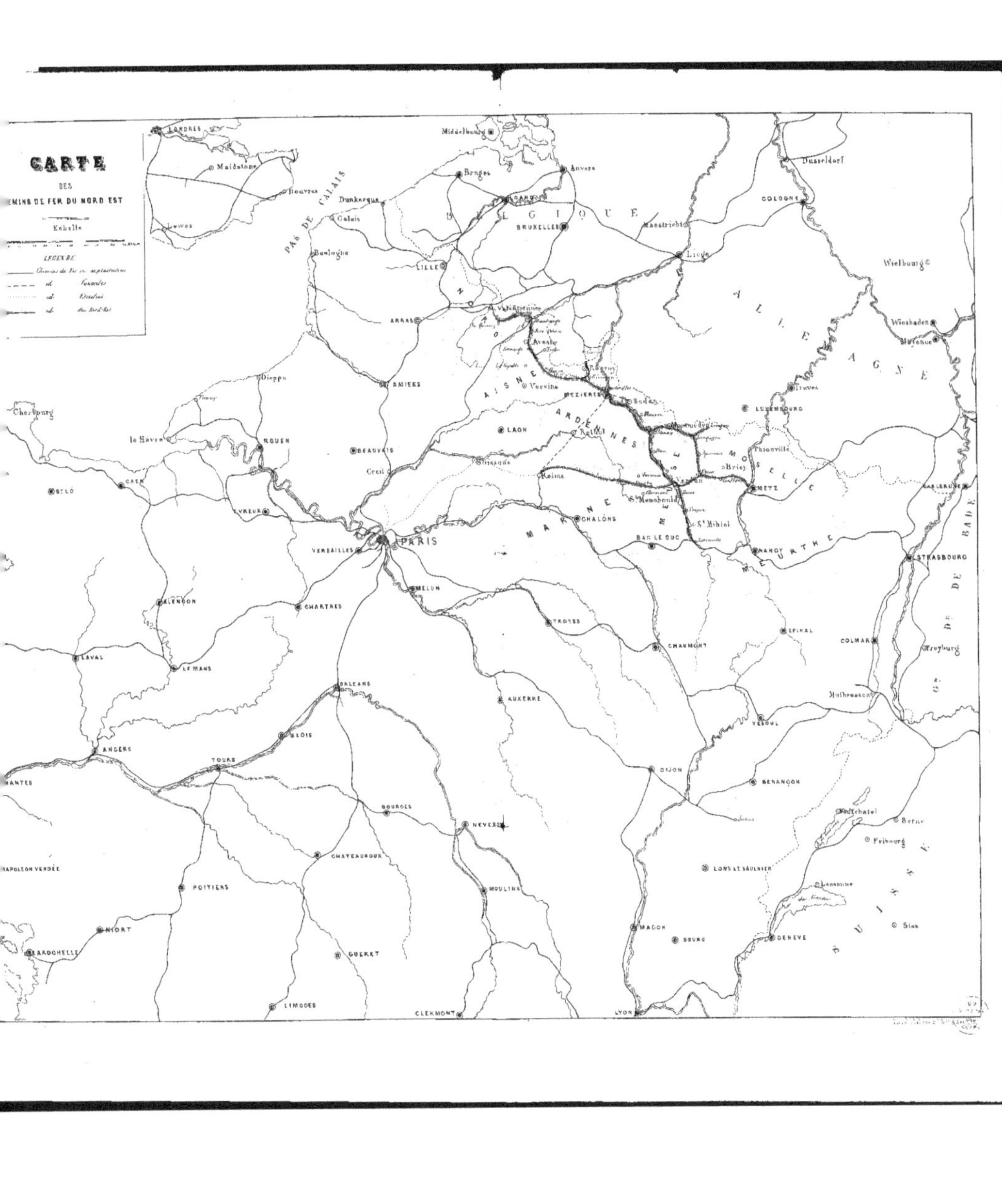

CARTE
DES
CHEMINS DE FER DU NORD EST
Echelle
LEGENDE
Chemins de fer en exploitation
id. Concédés
id. Étudiés
id. du Nord Est
PAS DE CALAIS
Landres
Maidstone
Douvres
Lewes
Calais
Dunkerque
Boulogne
Bruges
Anvers
Gand
BRUXELLES
BELGIQUE
Maestricht
Liége
Düsseldorf
COLOGNE
Wielbourg
Wiesbaden
Mayence
ALLEMAGNE
LILLE
ARRAS
Valenciennes
Avesnes
AISNE
Vervins
MEZIERES
Sedan
ARDENNES
LUXEMBOURG
Tréves
Dieppe
AMIENS
LAON
Soissons
Reims
MARNE
MEUSE
MOSELLE
Brie
Thionville
METZ
St Mihiel
St Menehould
CHALONS
BAR LE DUC
NANCY
MEURTHE
STRASBOURG
Cherbourg
le Havre
ROUEN
BEAUVAIS
Creil
EVREUX
ST LO
CAEN
VERSAILLES
PARIS
MELUN
CHARTRES
ALENÇON
TROYES
CHAUMONT
EPINAL
COLMAR
Freyburg
DE BADE
Mulhouse
LAVAL
LE MANS
ORLEANS
AUXERRE
VESOUL
BLOIS
ANGERS
TOURS
DIJON
BESANÇON
Neuchâtel
Berne
Fribourg
NANTES
BOURGES
NEVERS
CHATEAUROUX
LONS LE SAULNIER
SUISSE
Sion
NAPOLEON VENDÉE
POITIERS
MOULINS
NIORT
LA ROCHELLE
GUERET
MACON
BOURG
GENEVE
LIMODES
CLERMONT
LYON

RETOUR LE :

002860201
Chemins de fer du Nord-Est : mémoire
CF BM DE-ST-PIERRE DES CORPS
USUEL